화은 배애희 시집

어머니의 흔적

2023 한국예술인복지재단 선정 작품

어머니의 흔적

배애희 시집

도서출판 다선

머리말

글에 대한 용기

한동안
글 쓰는 것에 대해
두려움이 들었던 적이 있다

뭐가 그렇게
두려웠는지
한 자의 글도 쓸 수 없었다

더 아름답게
더 좋은 말로
구사할 수 없는 내 실력에서
한계를 느꼈는지 모른다

그러다
송현 시인님께서
공병우 박사님이

하신 말씀을 읽고 전해준 말로
글에 대한 두려움을
떨쳐 낼 수 있었다

"글은 중학생 정도가 읽어
이해할 수 있도록 쓰는 것이
중요합니다."

내 글에 대한 자신을 가지자
배움에 한계를 떠나
내 생각과 느낌을
그대로 옮겨보자
그게 바로 좋은 글이
될 수 있지 않을까 생각하며
다시 글을 씀에 용기를 가져본다

축사

(사)한국다선예술인협회
회장 김승호

시인은 시를 쓰기 위해 날마다 생각이라는 바다를, 때론 산야와 벌판을 헤맨다. 봄 여름 가을 겨울이라는 계절 사이로 쉼 없이 뛰기도 걷기도 하면서 사계절을 맞이하고, 가끔은 후각을 이용해 냄새와 향기를 구분하기도 한다.

어느새 8년여 세월 속에서 이야기와 사제의 인연으로 나눈 세월이 있었다. 바쁘고 분주한 세월과 현실이라는 마차를 타고 끌고 밀며 시와 씨름을 해왔다.
그러한 시간 속에서 시인은 자신의 삶의 모체를 어머니의 그리움과 기억의 향기로 잡은 듯하다.

추억과 기억이라는 연의 자락도 풀어내고 살면서 자신의 바람과 무언가를 끝없이 갈망하며, 시인으로서의 역할과 존재의 필연성을 발견하고 후회치 않기 위해 시집으로 곱게 담아내려는 노력과 자신의 열정을 태운 것이다.

오늘『어머니의 흔적』이 한 권의 시집이 세상을 향해 기지개를 켜며, 독자들의 관심과 애독으로 인해 시인을 더욱 성장시키는 계기가 되기를 바라며, 진심으로 축하와 격려를 드리는 바이다.

2023년 6월

다선 **김 승 호**

(사)한국다선예술인협회 회장
교육학박사
시인, 수필가, 평론가, 언론인
2023대한민국사회발전대상 문학공로 대상 수상
그 외 문학 관련 대상 등 본상 다수 수상

목차

2부 - 바람 불어 좋은 날

4부 - 빛바랜 그리움

1부
어머니의 흔적

▼

어머님 영전에

편안하게 잠드신 모습같이
다시는 올 수 없는 곳으로
가신 당신이여

이제 당신의 그 손을
놓아야 할까 봅니다

지팡이 의지한 채 힘겹게 걸으시던 그 모습 눈에 선한데

힘없이 누워 계시며 딸이 떠먹이던 죽 한 그릇 다 비우시곤
잘 먹었다시며 미소 짓던 그 모습 눈에 선한데

다음에 와서 목간 시켜 드릴게
그 약속 지키지 못함이 이렇게 가슴 아픈데

오늘 하얀 꽃상여 타시고
많은 자손들 뒤따라오게 하시곤
어찌 그리 성큼성큼 잘도 가시던지요

자식들 애타게 엄마라 불러도 보고
내 강아지 하며 이뻐하던 손주 손녀들
할머니라 목메게 불러 보건만
한마디 말씀 없으신 채
그렇게 그렇게 가시더이다

뒤따르던 자손들 울다 지쳐 쓰러져도
더 평화로운 곳 영감님 곁으로
가시기 바빠 뒤 한 번 돌아보시지 않으시곤 그렇게 잘도 가시더이다

부디 천국에 가시어 주님의 우편에 앉아 계시다가 이다음 자손들
당신 뒤따르거든 그때는
어서 오너라 반가이 맞아 주소서

따뜻했던 당신의 손이 얼음장같이
차갑게 변했지만 차갑게 느껴지지 않은 것은
당신의 정이 당신의 마음이 남아 있음이라 생각되기에

편안히 잠자는 그 모습만 영원히 기억하겠습니다

잘 가소서 편히 쉬소서
이 세상 살면서 아버지 몫까지 다하시며
자식들 뒷바라지에 고생만 하셨던 당신인 줄 알기에

이제 그 고통에서 벗어나 편히 쉬소서
살아생전 한 번도 못 했던 그 말
사랑했습니다 많이

이제 당신의 그 손을 놓으려 합니다
잘 가소서

2003년 11월 22일
어머님 영전에
불효 여식 애희가 바칩니다

사모곡

엄~~니

한 해를 마감하려는 이쯤에
조용히 불러보는 사모곡 한 가락

삶에 찌든 앞치마 입으셨던
당신의 그 모습이
자꾸만 눈에 아른거려 옵니다

물동이 머리에 이고
물 길으시던 그 모습이
퇴비며 화장실 오물을
지게에 지고 논과 밭으로
나르시던 힘든 그 모습들이…

이제 좀 편안하게 사실까 했는데
이제 효도 한번 해보나 생각했는데
당신은 이미 가시고 없습니다

당신이 누우셨던 그 자리
일 갔다 오는 딸 이제 오나 반갑게 맞아 주실 것만 같은데

이제는 꿈속에서나
당신을 뵈어야 할 것 같습니다

엄~니
이제 평안하신가요
마음 놓고 훨훨 다닐 수 있으신가요

이승에서 그리하셨듯
저승에서도 자식들 위해 기도하고 계시나요

이제 모든 것 다 잊으시고
자식들 걱정하지 마옵소서

살아생전 자식들 걱정에
밤잠 못 이룬 거
마음껏 즐기소서

고생만 하시다 가신 당신
먼저 가신 아버지 만나
이 세상 못다 이룬 사랑 마음껏 즐기시며
마음 편히 지내소서

받기만 했던 자식들이기에
이제 엄니께 할 수 있는 일이 고작 이거밖에 없습니다

부디 편안하게 잠드소서
살아생전 못 한 말 이제야
해봅니다
엄니 당신을 정말 사랑했었다고

엄마의 삶

여자의 삶을 포기하시고
당신의 등허리에
지게를 지신 어머니
당신의 고된 삶을
그때는 몰랐습니다

엄마가 되고
할미가 되고 보니
당신의 그 삶이
어떤 의미였는지

나이 들어 병든 몸
지팡이 의지한 채
조금만 텃밭에다
정성 들여 지은 농사

봉지마다
담긴 정성
가슴이 아려오고

때늦은 후회 속에
눈물자국 뿌리지만
가슴에 멍든 상처
뉘라서 알아주리

먼 훗날
재회의 기쁨 누릴 수가 있을까

먼 훗날

내 고향
뒷동산 작은 언덕배기

엄마의 손을 잡고
친척 집 가던 그 길

지금은
없어지고
빈집만 덩그러니

곳곳에
당신 흔적 가슴에
남았는데

당신의
그 모습은
찾을 길 없습니다

하늘을

이불 삼아
잠드신 내 어머니

나 왔소
큰소리로
엄마를 불러봐도

버선발 뛰어와서
반기시던 분이셨건만

어서 오너라
말 한마디
없으시네요

산새들 노랫소리
자장가 삼아
긴 잠에서 깨어날 줄 모르시니

먼 훗날

불효 여식 당신 곁
가는 그날

그때는 반가이 맞아 주소서

등목

무더운 여름
저 멀리 학교 갔다 오는 딸
마중이라도 하듯
엄마는 샘터에 물 길러 가신다

땜 뻘뻘 흘리며
대문 들어서기 무섭게
방금 길어온 샘물 한 바가지
등목을 해주시면
더위는 어느새
저 멀리 사라지고
엄마의 까칠한 손자국만이 남았는데

이제는 어디 가서 그 등목 해 달랠까
엄마의 까칠한
그 손바닥이 그립다

마음의 꽃 한 송이

해마다
오늘이면
늘 아쉬움이 남는 꽃

내 가슴에도
차마 달지 못하는

올해는 병실에 누워
자식이 사다 준
작은 꽃다발을 받으며

마음으로나마
작은 한 송이 카네이션을
가슴에 달아드린다

엄마 사랑했습니다 라며

베틀소리

철커덕 철커덕
베틀소리
당신의
눈물과 한숨소리였다

머리에 한가득
방물장수
어깨에 무거운 짐
고된 당신의 삶

당신의 눈물과 한숨
줄을 이으면
그리운 당신 곁 갈 수 있으려나

철커덕 철컥
그리움 가득 안고
오늘도
아련히 내 귓전을 맴돈다

어머니의 흔적

- 조금만 남겨두고 가소서 -

당신 향한 그리움으로
눈물지을 때
당신의 끈 놓지 않게
조금만 남겨두고
가소서

당신의 흔적 찾아
애태울 때
당신의 그림자라도
찾을 수 있게 조금만
남겨두고 가소서

먼 훗날 당신 만나
애기꽃 피우며 웃을 수 있게
당신의 그 미소
조금만 남겨두고
가소서

어디 가서

당신의 그 흔적 미소
찾으오리까
아무리 둘러봐도
빈 허공뿐인데

다정스런 손길
부드러운 미소
아직도 내 가슴에 남아있는데

가실 때 다 가져가지 마시고
조금만 조금만
조금만이라도
남겨두고 가소서

- 십여 년 전 어머니를 보내며

꽃가마 타고

시원한 바람 불어
가을인가 하였더니

곱디고운
꽃상여에 온몸을
맡기셨네

가시는 그 걸음이
어찌 평탄키만 하셨을까

뒤따르는 자식들의
애절함을 모르실 리
없겠지요

하지만
가실 때 당신의 고운 정일랑
남겨두고 가세요

마음에 고이고이

그 흔적 끌어안고
오늘도 그대를 떠올려 보며

타향살이 힘들고 지칠 때
당신의 그 미소 생각하렵니다

당신의 손때 묻은 고향집
비록 당신은 가고 없어도
당신과의 추억을 떠올려보며
당신의 고운 정을 기억하겠습니다

목화솜

하얀 솜
몽글 몽글
가슴을 파고든다

시린 마음
포근하게 다독여 주면서

그 옛날
정성 들여 손질한
목화솜
따뜻했던 그 마음

하얗게
피어 있는
목화밭에서

엄마를 만나고
그의 사랑을 만나고
추억을 만났다

메주 콩 삶는 날

가마솥 한가득 콩이 익어간다
구수한 냄새
허기진 배 한 움큼 집어다
배 속을 채우고

두 발로 꾹꾹 밟아 메주를 만들고
방안에 주렁주렁 매어 달린
메주 덩어리
엄마의 정성으로 맛있게 띄워지고

벽에 걸린 메주 덩어리
엄마의 정성을 느끼며

콩을 삶는 가마솥 앞에 앉아
그때의 그 시절을 그리워하노라

그 님의 향기

매서운 바람
창문을 두드릴 때

그 옛날
군불 지펴 따뜻한 아랫목
조그만 이불
다독여 주시던
그 마음

학교 갔다 오는 딸
꽁꽁 언 손
꼭 잡고
자기 가슴에 녹여 주시던
포근함

그 정성 그 마음
그 향기가
오늘 밤 나와 동행했으면

봉선화 필 때면

투박한 장독대
엄마의 손길이 이어진다
닦고 또 닦고

장독대 앞
작은 화단
채송화 봉선화 맨드라미 원추리
그들 역시 엄마의 사랑을 먹고

봉선화
꽃잎 따다 손톱에
물들여 주시던
엄마의 자상한 손

봉선화 필 때면
엄마의 사랑과 함께
내 손은 붉게 물들어갑니다

안부

무쇠솥에 끓어오르는
하얀 김은
당신의 한숨이던가

청솔가지 타는 연기에
당신의 눈물이 흐르고

커가는 자식들 걱정에
밤잠 못 이루시고

먼 길 떠나신
그 발걸음
되돌릴 수 없음인지

홀연히 떠난 자리
그리움 남아있어

따뜻한 그 품이 그리워
하늘에 저 달을 보며

그대인 양
불어오는 바람에
안부를 전한다

엄마 잘 계시지요

내 마음 그리움 담고

뿌연 하늘 저 멀리
내 그리운 임이여
손 내밀면 언제든
잡아줄 것 같은데

마음으로 되새기며
한 발자국 뒤로 물러서야 하나요

낙엽이 떨어지면
그 낙엽 밑거름 되어
이다음 더 풍성한 잎으로
되살아난다지만

내 마음속 그리운 임
다시 올 수 없으니

하늘을 나는
저 새들아
내 그리움도 함께
실어가 주렴

그리운 얼굴

소슬한 갈바람에
매미소리 사라지고
님 부르는 귀뚜라미 소리 애처로운데

둥근 보름달 닮은 하얀 박 덩이
지붕 위 한가로울 적에
그리운 얼굴 하나
붉게 물든 잎들처럼
내 마음 가득 물들인다

이름 모를 풀벌레 소리
높은 하늘마냥
내 그리움 또한 높아만 가고

저 하늘 끝
그리운 얼굴 하나
내 마음에 들어와 눕는다
어머니…

어머니의 강엿

어머닌
밤새 불을 지펴 엿물을 달여
조청을 만드시곤
우리들의 간식거리
강엿을 만들어

큰 장독에다
차곡차곡 넣어 두셨다가
긴긴 겨울 자식들에게 내어 주셨다

딸자식
출가 후 대문 앞 서성이며
행여나 올려는가
기다리셨던 내 어머니

명절이 훌쩍 지나
어쩌다 찾아가면
내 새끼 왔나 하시며
맨발로 달려 나와

눈물로 반겨주시며
꺼내 주시던 강엿의 그 맛
아직도 잊지 못하고

명절이 다가와도
찾아갈 곳 없고
꿈속에서라도
세배를 드리고 싶은
간절한 이 마음

지금도
고향 가면 앞치마 둘러매고
엿물을 달여 강엿을 만드시며
내 새끼 왔나 하며 달려 나와
강엿을 꺼내 주실 것만 같은
내 그리운 어머니

어디 가서 그 흔적 찾아볼 수 있으려나
어디 가서 그 맛을 맛볼 수 있으려나

어디 가서 그렇게 불러볼 수 있으려나

엄마~
나 왔소
라고

엄마를 만났다

고향의
살던 옛집 조용히
눈을 감고
향수에 젖어본다

사계절
변하던 앞 들판
뒷산의 소나무
옛 흔적을 찾아
그 길을 떠나보니

집 앞
채전 밭에서 엄마가
환하게 웃고 계셨다

그리움 건너 또

그리움쯤이야
이겨낼 수 있으리라
생각했습니다
비 온 뒤 구름 걷히듯
자고 나면 잊혀지리라
생각했습니다

하지만
어둠이 지나면 밝은 아침이
되돌아오듯
그리움은 또 다른 그리움으로
다가옵니다

그리움에 맺힌 눈물
먼 하늘 보며 삼키었건만
그 눈물 마음에 고여
베갯잇을 적십니다

고무신

초가집 처마 끝
똑똑
떨어지는 그리움

머언 산 운무에
황새 한 마리 날아오르고

댓돌 위
고무신 한 켤레
방울방울 떨어지는
그리움이
한가득 채워진다

명절

명절이라
꼬까옷 입고
양손 가득 선물 들고

부모 형제 만날 생각에
고향 찾아가는
발걸음들이 가볍다

한 이불
오손도손
사이좋게 자라나서
이제는 자기 갈 길
짝 찾아 살다 보니
이런 명절이 아니면
한자리
만나기 힘든 요즘

오랜만에 만난 가족들과
그 옛날의 시절로

돌아가 마음껏
웃을 수 있는

이게 바로 명절의
모습들이 아닌가 싶어
옆에서 보는 이조차
마음이 흐뭇한데

나도 저렇게
명절이라 찾아갈 곳이 있다면
꼬까옷 차려입고
세배 드릴 수 있다면

그 옛날
엄마 따라
세배 드리러 다니던
그때를 떠올리며
입가에 씁쓸한 미소가
번져간다

당신 향한 그리움

매년 오늘이면
더욱더 간절한 그리움

어쩌다 한번 찾아뵈면
버선발로 반겨주시던
내 어머니건만

난 사랑한단 말 한 번도 하지 못한 불효를 저질렀다

당신의 마지막 물품
아직도 당신의 온기를 지닌 채
나를 지켜 줄 것만 같아
차마 버리지 못하고

밀려오는 저 바닷물에
당신 향한 그리움
띄워 보낸다

포근한 가슴이 그리운 밤

한 장 남은 달력이 유난히 쓸쓸한 밤
세차게 불어오는 바람만이
내 귓전을 맴돌고
졸고 있는 듯 서 있는
저 가로등 불빛이
내 마음 더 아프게 하고

언제라도 달려가서 안길 수 있는
포근한 가슴이 그리운데
이젠 어디에도 그 가슴이 없다
달려가 안기고 싶은
그 가슴이 그리운 밤이다

망초꽃

풀숲 어디든 하얗게 피어있는
망초꽃

한여름 뙤약볕

닳고 닳은 호미 자루
밭고랑 사이 누비시며
김매시던 엄마

뽑고 또 뽑아도
여기저기 올라오는 잡초

밭두렁 가 하얗게 핀
망초꽃 너를 보니

그 옛날 엄마의 한숨 소리
들려오는 것 같다

찔레꽃

붉은 줄장미 넝쿨 속에
순백의 찔레꽃

산천 어느 곳이든
쉽게 만날 수 있어
친근함을 주지만

화려한 장미에 밀려 너의 순박하고
참다운 모습을 보지 못하였구나

이 나라 여인의 억척스러움
순결함을 닮은 너
네가 있어 장미의 붉음이 더 아름답게 보이는 것을

결코 앞서가지 않으며
묵묵히 그 자리 매김하고

지아비를 공경하고
자식 위해 희생한

이 나라 어머니의 모습과도
같은 찔레꽃

그래서인가
순박한 너의 모습에
그 옛날 엄마의 얼굴이 떠오르니
서럽고 기쁜 마음 감출 수가 없구나

우리들의 친근한 꽃
찔레꽃

오늘 너의 그 고운 향기에
엄마의 포근함을 맛본다

고향 길

꼬불꼬불 논두렁길
그 길을 따라
오가던 집

초가집
담장 넘어
감나무 가지 늘어지고

앞 들판
사계절의
엄마의 힘든 삶
녹아 있는데

이제는 그런 모습
찾을 수 없고

고샅길의
추억도
세월의 흐름에

녹아드니

옆집의
꼬맹이 친구
지금은 어디서
무엇을 할까

아련한 향수에 젖어
시멘트로
변해버린 그 길에서
어릴 적 추억을
더듬어 본다

그 님의 마지막 그 미소

이른 아침
하늘은 또다시 눈물을 흘리고 있다
힘든 삶 고이 뉘어보려 하였건만
자꾸만 떠오르는 얼굴

사랑은 해도 해도 부족하건만
마음껏 사랑해 주지 못했던
그래서 더 보고 싶고 그리운 걸까

언제나 가슴에 고이 품고
살아가야 하는 가녀린 여인아

오늘따라 더 보고 싶은 까닭은
힘들게 손 흔들며 잘 가라시던
그 임의 마지막 그 미소가
아직
내 가슴에 남아있기 때문인 것을

비가 오는 아침

그 임을 생각하며
가슴이 미어져 옴을
그 임은 아실는지

그대 향한 그리움

안개가 자욱한
아침
짙게 깔린 안개만큼
그대 향한
그리움도 짙게 깔려만 가고

따뜻한 햇살 비춰 안개를
걷어 가면
내 그리움 또한 걷혀지면
좋으련만

높은 하늘만큼
점점 더 높아만 간다

넓은 바다 같은
크나큰 보자기로
꽁꽁 묶어
다시는 올라오지 못하게
지구란 큰 돌멩이로

눌러 놓으면

그대 향한 그리움은
없어지려나

자꾸만 꿈틀꿈틀
기어오르는
그대 향한 그리움

보고 싶다
보고 싶다

2부
바람 불어 좋은 날

사랑을 싣고서

비 온 뒤
가로수는
푸르다 못해
싱그러움을 더하고

잎새 사이
날아다니는
새들의
지저귐

하늘의
조각구름 사이로
비치는
햇살

또 다른
구름 하나
한없이 흘러간다

내 사랑을

싣고서

가을을 찾아서

바람은 시원하고
날씨 또한 청명하니
가을을 찾아 나선 길

갖가지 꽃들과 넓은 호수
유유히 헤엄치는 오리 떼들
몸은 늙었으나
마음은 학창 시절 소풍을 나온 느낌이다

빨간 고추잠자리 내 주위를
맴돌며 저만치 앞서가다
잠시 쉬어가란 듯
앉아서 쉼을 하고

이 꽃과 저 꽃에 사랑을 속삭이듯
벌들의 사랑놀이가 한창인
아름다운 가을

아~

사랑이여

나에게로 오라

아름다운 계절 이 가을에

벚꽃 사랑

겨울인가 하였더니
어느새 계절은 봄을 데려와
꽃으로 장식하며
아름다움을 뽐내고 있다

하나둘 피어나는 벚꽃
바람에 하늘거리는 네 모습
따뜻한 봄 햇볕 따라
마음도 즐겁게 너를 반기고

화사한 미소
포근함으로
내 마음을 빼앗아 가니
노곤함으로
들썩 너의 품에 안기어 본다

화창한 봄 날씨처럼
화려하게 단장한
벚꽃 그늘 아래서
너와의 사랑을 꿈꾸어 보며

줄장미

활짝 핀 모습으로
담장을 덮고 있는 장미

노랑과 빨강색의 조화가
참으로 아름답다

시기하지 않으며
서로를 보듬어 안고
오고가는 나그네들
마음의 쉼을 주며

엉성한 담장이 너희들로 인해
아름답게 변하고
사랑으로 감싸주며
향기로 멋을 내니

하늘은
어느 때보다 더없이 푸르고
눈부신 태양의 열기도

너희들로 인해
찬란한 오월의 생기를 불어넣어 준다

그대의 넓은 아량과
사랑 가득 안고서

돌나물 꽃

풀숲에
노랗게 피어있는
돌나물 꽃

어두운 밤
가로등 불빛에 반사되어
반짝이는 네 모습이

하늘에
별이 떨어져 있는 듯하다

그 님을
사모하다
별이 되어 피었나

사모하는 그 님
오늘 밤에는
너와의 만남이
그 님를 만난 듯 반가움이
앞선다

봄의 그림자

봄비가 촉촉이
대지를 적시는 새벽
무언가에 쫓기듯
눈을 뜬다

창밖의 어둠에
저 멀리 가로등 불빛 사이
아른거리며
다가오는
그대의 그림자
향긋한 향기와 함께
내 품 안에 안긴다

사랑하고 싶어서
아니
사랑받고 싶어서

접시꽃

창문 너머 살며시 고개를
들어 올리는 그대

환한 얼굴로
해님과 같은 웃음을 보낸다

분홍의 수줍음과
붉음의 정열까지
두루 갖춘 그대

그 님과 마주보며
사랑을 속삭이려나

오늘은
한 뼘 더 자라
키 자람을 자랑하듯

더 많은 웃음으로
활짝 피어있는 그대

그대의 웃음 속에
그 님의 모습도
그 님의 사랑도 함께
활짝 웃고 있었다

봄을 캐는 아낙

거리 곳곳마다
봄은 익어 가고

붉은 동백 이
화려함을 뽐내던 곳

볼그레 볼을 가진 새색시의 얼굴마냥 환한 웃음으로
바람에 춤을 추는 진달래

긴 가지 늘어트리고
수줍게 웃음 지으며
울타리를 장식하는 개나리

활짝 핀 벚꽃 사이를 오가며
벌들은 꿀을 따느라
정신없이 날아오르던 그곳

세월의 흐름에
모두 떨어져 버리고

파릇파릇 올라온 쑥과 씀바귀
민들레가 그 자리를 대신하고 있고
이름 모를 야생화들이
무리 지어 피어있는 것을 보며

아름다운 계절
찬란한 이 봄날에

오늘만큼은
쑥과 씀바귀를 뜯으며
봄을 캐는 아낙이 되어 있었다

허공

바람이
지나간 자리
텅 빈 곳에

쓸쓸함과
외로움이 묻어난다

무엇을 찾기 위함일까
빈 허공만
두리번거리는데

조그만 꽃 하나
미소 머금은 채
나를 반긴다

그대의 사랑과
향기를 만나고

쓸쓸했던 마음

외로움은
잠시 접어두고

바람결에 날려 온
고운 향기에

허공으로
날려 보낸
나의 웃음이
가득하다

그림자

밝은 햇살이
나의 그림자를 만들고
언제 어디서든
나와 동행을 한다

든든한 울타리
모든 것을
다 주어도 아깝지 않을
그런 당신을 보며
안쓰러움과
미안함이 교차를 한다

더 많이 챙겨주고
더 많이 위로해 주며
더 많이 사랑해 주고
싶은 마음

언제 어디서든
함께하는

나의 그림자처럼
나 또한
당신의 그림자로
영원히 함께할 수 있는
내가 되기를

사랑합니다
감사합니다
행복합니다

보름달

보름달이 환하게
비춰주는 늦은 밤
그대와 함께함을
느낍니다

바람은 심술궂게
나뭇가지를 흔들며
내 온몸을 파고들듯
세차게 불어오지만
그대의 미소 띤 모습에
입에서 뿜어 나오는
입김마저도
향기로움이 묻어납니다

그대의 사랑을 느끼며
추위와 맞서 있지만
춥지 않음은
그대와 항상 함께하기에
감사함을 압니다

어느 사이 구름이
달을 감싸고
그대가 나를 안은 듯
포근한 마음에
돌아서는 발걸음에
희망의 콧노래가
흘러나옵니다

안개 낀 아침

한 잔의 차를 들고
베란다의 창문을
열어젖혔다

자욱한 안개
그 속에 비치는 작은 불빛들
희망을 품고
또 다른 미래를 향하여
질주하는 차량의 행렬들
그 속에 그 님이 생각나고

한 잔의 차가 다 식어가지만
차가운 바람이 싫지 않은
이 아침
그리운 그 사람에게
살며시 안부를 전하고
그 사람 역시 날 생각하고
있을 거란 생각에
살며시 번지는 입가에 미소

조용히 창문을 닫으며
오늘 하루도
행복의 삶 속으로
빠져들어 간다

하나는 외로워

얼마 전
철 지난 쌀쌀한 날에
한 송이 외롭게 핀 철쭉이
못내 가슴 아팠다

행여 다 피기 전에
떨어지면 어쩔까
조그만 더 일찍 피워줬으면 했는데
그저께는 두 송이
오늘은 세 송이
활짝 핀 그들이 얼마나 반가운지

사람이나 꽃이나
하나는
외로워 둘이라 하였던가

활짝 핀 너희를 보며
사랑을 느낀다
이 계절 다 가기 전

더 아름답게 피어나길

그대와 나의
사랑처럼…

봄비에

조금씩 내린 봄비에
수양버들
연두색 잎이 싱그러움 더하고

바람에
너울너울
춤추듯 흔들리는 가지

내 마음 너처럼
흔들리고 있는데

길옆 올망졸망
민들레의 꽃을보며

환한 웃음
벚꽃의 그 향기에

나도 너처럼
덩실덩실
춤이라도 추고 싶어라

소나무

마음이
우울하거나
피곤할 때
마주하는 소나무

언제나 묵묵히
자리를 지키고 있어
마음을
털어놓고 이야기하는
친구가 된다

변하지 않은 마음으로
언제나 나를
지켜줄 것 같은
마음에

오늘도
난
그 소나무와
이야기를 한다

바람 불어 좋은 날

화사함으로
내 앞에 다가온 너의 모습
너의 아름다움과
고운 향에 취해 보는데

바람 한 점 일어
너의 고운 잎들
꽃비 되어 날아가는
그 모습 또한 아름다움에
취하고 또 취해본다

어느새 푸른 잎 돋아
너와의 아쉬운 작별을
고하고 있지만
화사함과
싱그러움이 어우러지니
그 또한 아름다움이어라

봄이 익어가는 계절

그대의 향기를 느끼며
그대의 고운 사랑으로
바람에 떨어지는
꽃비를 맞으니
불어오는 바람이
좋기만 하다

사랑으로

이른 새벽
나에겐 하루를
마감하는 시간

길옆 은행나무
노랗게 물들어가다

바람에 일렁이며
낙엽 하나
내 어깨 위 내려앉는다

그리운 임 기다림에
자기를 품어달라는 듯

그대가
찾아온 듯
그리움과 반가움에
살며시 가슴에 품으니

그대가
나에게 사랑으로
다가온다

아름다운 가을
이른 아침에

희망의 불빛

한적한 공원
벌거벗은 몸으로
바람과 싸우고 있는 나무들
외로움 사이로
불빛이 그들의 친구가 되어주며
슬픔의 노래를 들어주고 있다

작은 호수에 비친 그 불빛이 있어
그나마 아늑함이 있고
사람들의 발길이 끊어진
공원에 그 불빛은
한 가닥의 희망을 심어주고 있었다

머잖아 사람들의 북적임으로
그들의 사랑 노래를 들어 줄 거란 걸

그대 있음에

환하게 웃는 그대의 미소가
나를 즐겁게 합니다

자상한 그대의 손길이
내 마음 기쁘게 합니다

포근한 그대의 가슴은
나를 평화롭게 합니다

알고 계시나요?
언제나 함께하고픈
그대 있음에
내가 행복하다는 것을

행복의 첫걸음

마음이
행복하면
주위에 모든 것이
사랑스러워 보이고

마음이 우울하면
모든 것에 짜증이 난다

행복한 마음
곧
긍정적인 마음가짐이리라

모든 것에
감사할 줄 알며
기쁘게 받아들이자
그게 곧
행복의 첫걸음일 테니

국화꽃 향기

따뜻한
햇살을 품고
이슬 가득
머금은 채
아름다운 향기 풍기며

길가 언저리
날 보며 쉬어가란 듯
곱게도 피어있다

그리운
임 만난 듯 반가움에
살며시 어루만져 주니
좋아란 듯
바람에 춤을 추며
아름답고 고운 향기를
나에게 선물한다

너에게서

또 다른 사랑을
배우며
고운 님 떠나보내듯
그 자리를
일어서야 했지만
너의 고운
그 향기는
영원히 내 가슴에
남아 있을 것이다

사랑한
그 님의 향기처럼

아름다운 가을

푸르던 잎들이
하루가 다르게
고운 빛으로
물들어 가는
단풍잎에서
아름다움을 느끼고

물안개 피어오르는
강가에
유유히 떠다니는
철새들의 모습 또한
아름다운
가을이어라

호젓한 벤치
따사로운 햇볕이
싫지 않은 다정한
연인들의 속삭임

떨어지는 낙엽 보며
예쁜 사랑 키워갈
그 모습 또한

아름다운
가을이어라

3부
마지막 잎새

▼

마지막 잎새

푸름으로 풍성하게
싱그러움을 자랑하던
잎들

매미들이
신나게 노래 불러
짝 찾기 여념 없던
그곳

흘러가는 시간 속에
파르르 떨며 외로움에
울부짖는 잎새 하나

누가 있어
널 보듬어 안으며
지켜줄까
매몰차게
불어오는 바람
마지막 남은 그 잎새마저

떨구려 한다

가지 끝
대롱대롱 매어 달린 채
누군가를 애타게
찾아보지만

허공 속
싸늘해진 밤공기만
그를 에워싸고
아픈 가슴
더 아프게 하네

겨울비

때아닌
겨울비가 조금씩
내리는 오후
출근을 위해
길을 나서는데

언 땅속
작은 씨앗들의
움틀거림을 느낀다

이 비가 그치고 나면
봄은 벌써 이만큼 와 있으리라

향긋한 꽃내음으로
사랑을 속삭이며
얼어붙은 가슴에
빗장을 열어 주니

이따금 비춰주는

햇살과 바람에
나무들은 큰 들숨으로
아름다운 새싹들을
움트게 하며
사랑하는 그대와
아름다운 봄을
노래하리라

즐거운 생각에
내리는 비는 그치고
출근하는 발걸음에
봄이 왔음을
느낀다

겨울의 길목에서

너 언제 푸른 잎이었나
물든 붉은 잎 떨어지고
마지막 남은
그 잎마저
떨구어 놓는
가을이란 계절이
그렇게 내 곁을 떠난다

찬 바람 불어
내 옷깃을 여미니
떠나보내야 하는 아쉬움에
시린 마음 더 시리게 하는
겨울이란 계절이
다가오고

겨울의 길목에서
붉어지는 내 눈가
널브러진 가슴
쓸쓸함으로 채워지는 그리움으로
먼 산 허공을 헤맨다

낙엽

연이어
처량하게 추적추적
내린다
왠지 쓸쓸하다

내리는 빗속에서
그들은 점점 더
진하게 물들어간다

푸른빛에서
노랗게
때론 붉게

바람 한 점 일어
가녀린 잎새 하나
떨구고 간다

낙엽이다

적막강산

이른 새벽
가로등 불빛만이
높은 건물의 주위를 밝히고
부지런한 경비원 아저씨의
발자국 소리가 아침을 깨우는데

불빛에 반사된 서릿발의
반짝임은 아름답지만
지나가는 바람에
마른 나뭇잎의 아삭거리는
노랫소리는 쓸쓸한
적막강산

그 풍경에
한참을 서성인 나

아름다움을 느끼고
생각할 수 있는 마음이
있다는 것에 감사하며

무사히 하루를 마침에
또 감사한 마음으로

높은 건물 하나의 불빛 속으로 천천히 발걸음을 옮겨 본다
내쉴 곳 그곳을 향하여

* 적막강산:

고요 속에 잠긴 쓸쓸한 강산을 이르는 뜻으로 매우 쓸쓸한 풍경을 비유한 말

얼어버린 마음

오늘도 어김없이
하루의 해는 밝아오지만
무거워진 어깨
짓누르고 또 짓누른다

툴툴 털어 버리고
허리 한번 펴나
긴 한숨만 새어 나오고
하얀 눈이라도 펑펑 내려와
두 눈에 흐르는 눈물
감출 수 있다면
그 또한 바램이지만

붉은 해를 바라보며
키워 왔던 고운 꿈
채 날지 못한 채
주저앉아야만 하는지
어디 한 곳 마음 뉠 곳 없다

초조와 불안 속에
간혀버린 꿈
빗장을 열어 보려
애를 써보지만
쉽게 열리지 않은 채
한겨울 얼음장처럼
꽁꽁 얼어 갇혀 버렸다

이 겨울이 가고
따스한 봄 햇살이
비춰오면
얼어붙은 이 마음도
녹아질는지

잃어버린 우산

마음에
늘 간직하던 우산이
있었습니다
비 오거나 바람 불면 든든한
바람막이 역할을 해주던

이제는 그 우산을
잃어버렸습니다
아니
꼭꼭 접어 서랍 속 깊숙이
묻어 두었습니다

그로 인해 행복했던 시간들
아름다운 추억으로
담아두기 위해
그렇게 꼭꼭 접어 두었습니다

아직은
비 오나 바람 불면

마음이 많이 시리겠지요
하지만
더 아프기 전에
그 우산을 접어야 할까 봅니다

먼 훗날
그 우산을 펼쳐보며
네가 있어 그땐
행복했노라
말할 수 있을 테니까요

달맞이꽃

달빛을 사모하여 밤에만 피는
달맞이꽃
사모한 그대는 보이지 아니하고
창문으로 새어 나온 불빛에 고개를 내민
네 모습이 가련하고 애잔하구나

사랑을 갈망하고
마음에 새긴 정을 잊지 못하는
한 여인의 슬픈 맘을
너는 알고 있으려나

보고픈 그대를 만날 수 없는
그래서 더 보고 싶은 애절함이여
달맞이꽃 너를 보며
그 애절함을 달래어 보련다

새벽바람

새벽바람이
차갑게 가슴으로
파고든다

그리운 님 찾아
먼 길 나선 그대의
향기라 믿어 주면서
이제는 편히 쉬라
보듬어 안으며
온몸으로 받아들인다

어슴푸레
동녘이 밝아오고

함께 호흡하며
같은 하늘을 볼 수
있음에
감사함으로
힘찬 하루를

열어간다

그 역시
그러하기에

고사목

한때는
푸름으로
새들의 둥지와 그늘이
되어 주었고

죽음이 되어서는
장식품으로
또 다른
생명을 싹틔우는
너의 한없는 사랑을
베풀며 살아온 나목

비바람
맞고 썩어짐에
한 줌의 흙으로
돌아가는
너의 사랑 앞에

자연의

섭리라고 말하기
부끄러워
살며시
고개를 숙여본다

완행열차에 몸을 싣고

아직은
새벽공기가 쌀쌀하지만
서울행 완행열차에
몸을 실었다

시화전
전시만 덜렁 해놓고
한 번도 찾아주지 못한
미안함이
항상 마음에
남아 있었기 때문이다

안개가
자욱한 차창 밖 하늘에
아직 잠들지 못하고
떠 있는 달을 보며
그대를 만남 같은
기쁨보다
애절한 마음이 든다

내가 염려스러워
지켜주려는
그대의 마음을 알기에
이제는 안심하시고
편히 쉬라는 말을
전하고 싶은데

아침에 밝은 해가
서서히 떠오르지만
아직 잠들지 못하고
나를 따라오는 것 같은

하얗게
내린 서리가
햇살에 반짝이는
아름다움과 함께
그대의 사랑 받으며
즐거운 하루를 시작한다

갈바람에

곱게 물 들어가는 나무에
까치 앉아 울어주고

갈바람에
익어가는
황금들판은
주인의 손 기다리며

갈색빛의
억새와
멋진 색으로
조화를 이루는
가을의 들녘

부지런한
농부들의 바쁜 손놀림에
얼굴엔 행복이 송글송글
맺혀 있다

환하게 웃음 짓는
살살이 꽃
둥그런 해바라기 고개 숙이니

스산한 갈바람
붉게 익어가는
감나무에
찌든 삶 한 자락 걸어놓는다

늦은 출근길

늦은 오후
남들의 퇴근 시간 즈음
난 출근을 한다

매일 걸어가는 길
똑같은 길에서
난 즐거움을 찾는다

길옆 가로수
하루가 다르게 색색의
옷으로 갈아입고
활짝 핀 국화
흐드러지게 피고

개망초꽃 사이에 피어 있는
나팔꽃들이
나를 반기며
웃어주고 있다

사랑한
그대의 웃음으로
반기며
그대의 향기를
느끼며
걸어가는
내 발걸음이
무겁지만은 않다

가끔씩 낙엽을
밟으며
그대가 항상
나와 함께함을
느끼기에
오늘도 난
내 삶의 터전으로
힘찬 발걸음을 재촉한다

낙엽의 추억

길가에
떨어진 낙엽 하나
주워들고
추억 속으로
빠져간다

친구와
손잡고 낙엽을
밟으며
고운 꿈
키워가던
그 옛날의 추억들

책장 속에
하나둘 끼워 넣으며
우리의 우정을
약속했던
그 시절로

오늘도

난

또 다른

추억을 만들기 위해

예쁜 낙엽 하나

책장 속에

고이

끼워 두련다

퇴근길

늦은 밤
가로등조차 없는
한적한 시골
저 멀리 신호등이
도로임을 말해준다

가끔은
풀숲에 노루가
차량의 불빛에 놀라
뛰어나오는
약간은 무섭기도 하다

어두운 밤
차창 밖으로 보이는 하늘에
그 하나의 별이 따라온다

언제나 나와 함께하며
오늘도
수고 많았노라
위로하는 것처럼

나그네

하루의 일과를
끝내고
힘없이 걸어가는
그녀의 머리 위에
어스름 달빛이 내려앉고
가로등 불빛마저
졸고 있는 듯 깜박거린다

높은 사각의 불빛
하나둘 꺼져 가는데
조그만 몸뚱어리
억척스럽게 살아왔건만
내 손에 남은 건 빈 허공

이불을 비집고 누워 보지만
지친 몸뚱어리 쉽게 잠을
청하지 못하고
이리저리 뒤척이는
나는야
힘없는 나그네여라

낙화

연이어 내리는 봄비
화려한 자태
뽐낼 시간도 없이
떨어진다

활짝 핀 모습
환한 웃음으로
날 반겨줄 거라 믿었는데

난 아직
그들을 맞을 준비도
하지 못했는데
그들은 마치
바람 속의
흰 나비처럼
그렇게 날아가고 있었다

아쉬움과
애틋함

조바심까지
마음을 흔들어 놓는다

조그만 더 기다려 달라고
따스한 햇살
비춰 오거든
나 그대를 마중 갈 테니
그때까지만
기다려 달라고
애원해 본다

가녀린
꽃잎 하나
내 마음을 알았음일까
불어오는 바람에
나비처럼 날아와
살며시 내 가슴에 안기운다

갈대의 울음

낙동강 하류 을숙도
수많은
철새들의 낙원이었던 곳

이제는
점차 사라져가고
갈대들의 울음소리만
이 가을을 울리고 있다

넘실대는
강줄기 바람에
휘날리며
그대를 그리워하다
이 밤도
커~억 커~억
소리 내어 운다

초가지붕

넓은 마당
당신의
바쁜 손놀림

초가지붕의 새 옷을 입히기 위한
작업이 한창이다

길게 늘어선 이엉
옆에는 둘둘 말은 이엉과 함께
두런두런 이야기가 오고 가고

그들의 수고로
지붕에 새 옷이 입혀진다

철없던 그때
당신의 수고가 얼마나 힘들었는지
알지도 못한 채 마냥 좋아했던

깨끗한 지붕의 변신으로

수고로움도 잊은 채
얼굴에 웃음 가득하시던
당신의 그 모습
아직도 눈에
아른거려 온다

가까이하기엔 너무 먼 당신

길가 담장을 화려하게
장식하며
탐스럽게 달린 열매
꽃인 양 다가가 봤지만
꽃은 아니란다

너무나 예뻐서
따 먹고 싶지만
먹어서는 안 되는 강한
독을 지닌 열매

마음에
그리운 사람
보고 싶다 말 못 하고
그저 마음으로
새겨야 하는 사람처럼

그대는
가까이하기에
너무 먼 당신입니다

그런 건가 보다

가을이란 계절이
참으로 요상터라
괜스레 설레기도 하며
괜스레 슬퍼지기도 한다

흐드러지게
피어있는 들꽃을
보면서
황홀함에 빠지기도 한다

누군가 불러내어
차라도 마시며
수다 떨고 싶은 마음을
가지게 하며

사랑하는 사람과
두 손을 마주 잡고
운치 있는 곳을 걸어보고픈
마음이 생기기도 한다

푸른 하늘에
구름이 흘러가고
낙엽 쌓인 오솔길을
걸으며
가을은 누구나 한 번쯤
시인이 되는
가을이란 계절이
그런 건가 보다

인생 길

푸름을
자랑하며
뭇 새들의 안식처가
되어주고
길가는 나그네
쉬어가라
그늘이 되어주며
언제나
푸르게 살아갈 줄 알았건만

찬바람
불어오니
네 언제 푸른 잎이었나
모두 떠나가고

한 잎 낙엽 되어
길가에 나뒹구니
서럽다 통곡한들
알아줄 이 하나 없네

흰 눈 내려와
포근히 감싸주면
또다시 피어날
좋은 꿈이나 꿔볼려는지

풀잎의 슬픈 연가

늦은 퇴근길
비에 젖어 울고 있는
말라버린
풀잎의 슬픈
노랫소리 들었다

이른 봄
언 땅을 뚫고 나와
이름 모를 풀벌레들의
입맞춤에
즐거워하였건만

찬 바람 불어
퇴색되어버린
너의 모습에
풀벌레의 입맞춤도 마냥
즐겁지만은 않은가 보다

흘러가는

세월 속에 익숙해질 때도
되었으련만
그 풀잎도
이름 모를 그 벌레들도

나처럼
흘러가는 세월 앞에
깊어가는 이 가을이
마냥 즐겁지만은
않은 것인지…

어디 갔을까

한여름 무더위 속에서도
밭두렁 어딘가에
앉아 있을 것만 같은

집 앞 채전 밭의
채소들은
오늘도 푸르게 자라고 있건만
사랑과 정성으로
돌보시던 그 손길은
그 어디에도 없다

뜨락에 붉은 고추
햇볕 따라 말리시던
그 사랑

지팡이 의지한 채
대문 앞 지키시며
먼 차도를 바라보며
기다림의 연속이셨던

그 마음
헤아리지 못함이
지금도 명치끝은 저려오고

어릴 적
고향집 앞마당에
피어있던 함박꽃도
그 님 따라갔을까

어두운 밤하늘의 별을 보며
깊은 날숨으로
그때의 어머니가
지금의 내가 되어있음을…

별 하나

하늘의 달도 숨어버린 밤
무심코
올려다본 하늘에
유난히 반짝이는 별 하나

사랑한 님을 만난 듯
반가움에 추운 줄도 모른 채
한참을 바라보는데

그 님이
내 귀에 속삭이는 소리가
들린다
힘내라고 넌 할 수 있다고
용기를 가지고 앞으로
나아가라고
언제나
이 자리에서 널 지켜보고
있었노라고

마음에 그리던 임
달려가 안기고픈 임의 품속
그 님은 언제나
날 지켜보고 있었는데
난 빙빙 돌며
그 님을 찾아 헤매고
다녔구나

사랑한 님이여
보고 싶은 님이여
그대가 날 지켜보며
응원해 주고 있음에

따뜻한 온기를 느끼고
행복해하며 용기를 가지고
베풀며 살아가겠습니다

당신이 그렇게 살아왔던 것처럼

가을 연가

구름 사이로
비취는 석양이
황홀함을 느끼고

간간이 날아오르는
철새들의 날갯짓 또한
황홀함을 느끼는데

소슬한 가을바람에
휘날리는 갈대의
울음소리에

스산한 낙엽 하나
눈물 되어 떨어진다

4부
빛바랜 그리움

빛바랜 그리움 / 추억의 꽃잎 / 할머니의 빈 젖가슴
봄! 그대는 / 고향집 앞마당 / 고향이라는 이름 고령
마지막 효도 / 가을 들판에 서서 / 어머님의 봉지 속 그 사랑
가을이란 / 정겨운 소리 / 새끼줄 / 고향산천
오월이 오면 / 옛 추억의 여행 / 사진 한 장
고향의 우물가 / 그리움에 울고 / 뻐꾸기 울어대니
가을이 오면 / 두레박 / 홍시 / 아버지란 이름

빛바랜 그리움

똑똑 떨어지는
빗방울이
창틀에 송알송알
그리움으로 맺혀있고

앞 건물 불빛 따라
추억 하나 스쳐 간다

비 온 뒤 개울가에
통발 하나 설치하고
갖가지 피래미들
엄마 손길 분주한데

토란잎 우산 삼아
채전 밭 나물 준비에
온 가족 둘러앉은
둥그런 밥상 위

얼큰한 매운탕이

빛바랜 그리움으로
다가온다

추억의 꽃잎

이 산 저 산 붉게 물들어
허기진 배 먹고 또 따먹어도
배고픔은 없어지지 않던
참꽃

양지바른 묘지 옆
파릇하게 자란 잔디의
수없이 뽑아먹던
삐삐

찔레의 새순이 올라올 때면
많이도
꺾어 먹었던

그래도 배고픔은
여전했던

이제는
그 쓸쓸했던 그때의 기억들이

아련한 추억으로 남아
꽃잎 하나 살며시
입안으로 가져가본다

할머니의 빈 젖가슴

깊은 밤
고요 속에 휘몰아치는 바람

잠들지 못하고
뒤척이는 나의 가슴을
엄습해온다

뭔가에 억눌린 듯
답답해져 오는데
문득 떠오르는
그 옛날의 겨울밤

윗목에 놓인 화롯불을
정성껏 다독이며
철부지 손녀
이불 당겨 주시며
빈 젖가슴 내놓으시던
할머니

아비 정 모르고 자란
손녀가 늘 마음에 걸리셨는지
오라비들보다 나를 먼저
챙기시던
할머니

오늘 밤은
그 할머니의
빈 젖가슴이 그리운 밤이다

봄! 그대는

그대 어디 있나요?
긴 겨울
여울목에서
움츠린 가지들이
애처롭습니다

폭풍 한설
기나긴 밤도
그대 생각으로
지새웠습니다

곧 다가올 그대 생각에
움츠린 어깨
활짝 펴 보지만
아직은 때가 아니라
찬바람이 가로막네요

그대여
이 바람 그치고 나면

먼 산 아지랑이
향긋한 꽃내음 싣고
사뿐사뿐
날아오소서

그대의 따뜻한
햇살 머금고
앙상한 가지 새싹이
피어나도록

고향집 앞마당

햇살 가득한 넓은 마당
참새 몇 마리
포롱포롱 날아다닌다

뜨락에
졸고 있던 멍멍이
참새들 노랫소리에
화들짝 잠을 깨고

괜한 멋쩍음에
허공을 향해 한바탕
소리 내어 짖어댄다

툇마루 걸터앉아
휑한 앞 들판을 바라보며
따뜻한 햇살 한 줌으로
여유를 부리는

어릴 적

어느 날의 오후
내 고향집 앞마당

고향이라는 이름 고령

대가야 서울
고령
우륵의 숨결이
살아 숨 쉬고
금산을 휘감고 도는
회천리가 있는
그리운 고향

어릴 적 소풍의 명소
옥산 뒷산과 알 터
그 추억 또한 가슴에 남아
빙그레 웃음 짓게 하는 곳

할아버지 할머니
아버지 어머니
영원히 잠들어 계신
그리운 고향

가야금의 선율이

세계로 뻗어가고
가을의 코스모스 축제를 열고
대가야 축제가 열리는
그리운 고향

언제나 달려가고픈 그곳
내 그리운 고향
고령입니다

마지막 효도

엄마
목욕하자

욕실에 물을 가득 받아
목욕을
시켜 드렸다

앙상하게 드러난
손과 다리의 뼈마디들

이 자식 위해
고생하신 그 손
가슴이 미어진다

엄마
미용실 가자

단정히
잘라 주세요

생애
마지막 생신날
안고 머리 감겨
드리고

그 몸
그 머리로
누워 계시다
본향으로 가시었다

평생 못 한 효도

이렇게
생애 마지막 효도 한번
한 것으로
내 마음을 위로해 본다

가을 들판에 서서

차거운 바람
옷깃을 여미고

황금들판의
곡식들은
주인 손 기다리는데

예전 낫으로
베던 그 아득함은
콤바이어가
대신하니

볏단을 묶고
집으로 이고 나르는
수고는 없어졌지만

누렇게 익은
황금벌판에서
아득한 그 시절을
되새겨 본다

어머님의 봉지 속 그 사랑

창틀에 내려앉은
그대의 고운 마음이
마음 가득 들어앉고

바지랑대 끝
고추잠자리
하늘을 비행하다
잠시 쉼을 한다

뜨락에 엄마의 분주한 손길
정성 가득
따가운 가을 햇살에
고추는
더 고운 빛깔로
태어나니

자식들 나눠주는
그대의 붉은 사랑
까만 봉지 속 그대의 손길
그 사랑 가득 담겼어라

가을이란

가을은
아름다운 추억을 낳게 하고
그리움을 몰고 오는 계절

길옆 단풍 든 모습에
그 옛날 함께했던
그 임을 떠올리며
그리움에 젖고

이 아름다움을 함께 나눌
멋진 친구들과의 추억을
쌓아가니
이 또한 훗날 추억과
그리움으로 남으려나

가을은
함께하고픈 그 임을
볼 수 없음에
또 하나의 쓸쓸함을

가져다주니

이래도 저래도
가을이란 계절이
나를 울린다

정겨운 소리 - 쑥 -

말라버린 풀숲을 헤집고
파릇파릇 올라온 너를 만나니
어디선가 정겨운 소리가
들려오는 듯하다

조그만 소쿠리 옆에 끼고
소꿉장난하듯 들로 다닌 그때
구수한 국 한 그릇에
굶주린 배를 채우고

가끔은 쌀가루가 아닌
밀가루에 설탕이 아닌
사카린으로 맛을 더해
버무리 해주시던 울 엄마의 그 맛

파릇하게 올라온 너를 보니
친구야 쑥 뜯으러 가자던
정겨운 그 소리가
아직도 내 귓전에 맴돌며

구수하고 달콤했던 그 맛이
내 입안 가득 맴돌고 있다

새끼줄

농번기가 끝난
긴 겨울밤
온 가족 둘러앉아
얘기꽃 피우며
겨울의 긴 밤처럼
긴 새끼줄을 꼰다

어린 나에게는
쉬울 것 같은 어려움
가늘었다 굵었다
그래도
잘했다 칭찬 소리에
그렇게 긴 겨울밤을
보냈던 시절

간식으로
내어온 말랑말랑한 홍시의
그 맛도 잊지 못하고

겨울이 다가오면
문득문득
떠오르는 그 시절이
그리움으로
남아 있음은 왜일까

그 옛날의
긴 겨울밤 어머님이
내어주신 홍시의 그 맛과 함께
내 가슴에
그리움이 사랑으로
피어오른다

고향산천

고향의 초가삼간
아늑한 보금자리

초가의 퀴퀴한 냄새
그 향기도 그립구나

굽이굽이 금산재
올라서 보면
한눈에 들어오던
나의 고향이건만

금산재 넘어온 후
찾아가기 힘들구나

두 가닥 갈래머리
책가방 손에 들고
비포장 자갈밭길
그 추억 아련한데

어릴 적 추억을
고스란히 품은 채
동구 밖 느티나무
그 자리 지키고 있겠지

오월이 오면

봄인가 하였더니
어느새 5월의 첫날을 맞는다

길가와 산들에
봄이 왔음을 알리는
꽃들이 바람 따라 날아가고

울타리엔
오월의 장미가 하나둘
피어나기 시작한다

가정의 달 오월이 오면
살아생전 달아드리지 못한
카네이션을 보며
마음 아파해야 하고

자식들이 사 오는 꽃을
보며 미안해해야 하는
5월

내가 이렇게 마음 아파할까 봐
미안해할까 봐
지난밤
환한 웃음 지으며 찾아오신
어머니

어머니
이젠 마음 아파하지 않겠습니다
그리고 자식들에게
미안해하지 않겠습니다

하지만
어머니에게 꼭 하고픈 말이
있습니다

사랑했습니다
감사했습니다
그리고
미안했습니다
라고

옛 추억의 여행

잠시 발길 돌려 찾아간
경산 시립 박물관
때마침 전시되고 있는
옛 부엌의 살림살이들

타임머신을 타고
어릴 적 그 시대로 돌아갔다

쌀 씻어 조리로 건져내고
장작을 쌓아놓고
풍로로 불을 지피고

불린 쌀을 절구에 찧어
떡메로 내리치고
디딜방아 쿵덕 쿵덕
곡식을 찧던 그 시절

겨울밤 가족이 둘러앉아
새끼줄 꼬며 구수한 옛날이야기
시간 가는 줄 몰랐던 그때

아련한 옛 추억 속에
그대를 만나고
기쁨과 그리움이
그대와 함께 숨을 쉬고
있었다

사진 한 장

명절 끝
왁자지껄
한바탕 소동이
끝이 나고
조용한 가운데
슬슬 기어오른
그리움 하나

이젠 잊을까
영원히 잊히지 않은
그 얼굴

세월이 흐를수록
더 또렷이 기억되는 아픔
이제야 철이 드는 걸까

그때는 알지 못했던
그대의 마음을
이제는 알 것도 같아

사진첩을 뒤척이며
그대의 사진 한 장
고이 가슴에 품어본다

고향의 우물가

어른 키 정도의
낮고 조그만 우물

바위틈 흘러나오던
그 물이 참 맛이 좋았었다

겨울의 가뭄에
새벽부터 전쟁 아닌
전쟁을 치러야 했던
옹달샘 같은 그 우물

언제부터인가
수도가 들어오며
우리들의 기억에서
차츰 잊혀져 갔다

몇십 년 만에 찾아간 고향의
그 우물은 덮여 있고

바가지로 물을 푸고
물동이 한가득 머리에
이고 다니던
그 옛날의 모습들이
아련한 기억 속에
그리움으로
다가온다

그리움에 울고

당신 향한 그리움에
찾아간 그 자리

어서 오너라
반가이
맞아줄 줄 알았는데
당신은
아무 말 없이 누워만
계시네요

나 왔소
큰 소리로 불러 보지만
버선발로 뛰어나오시던
당신이셨는데

당신은
언제나 든든한 버팀목이었으며
나의 정신적 지주이셨는데
어디 가서 그 흔적
찾으오리까

불러도 대답 없고
울어도 소용없네
당신 향한 그리움에
쓰라려 오는 가슴
어찌 말로
다 하리까

잘 계시란 인사에도
잘 가란 답 없으신 당신
뒤돌아서는 발걸음
차마 성큼 떼지 못함은
당신의 그리움이
남아 있음이니

먼 훗날
당신 곁으로 가는 그날엔
어서 오너라
반가이 맞아주소서

뻐꾸기 울어대니 - 시어머니 제사를 앞두고 -

당신의 삼우제 날
밤새 울어대던 뻐꾸기

새가 되어 훨훨
날아다니시라
당신의 하관식 때 울며
말했었죠

몇 발자국 걷다가
허리 피고 쉬어가던
당신의 모습
지금 내가 그 모습 그대로
따라가고 있습니다

고부간에
닮아도 어찌 그리 닮아가는지
딸이냐는 소리도
많이 들었던

지금쯤 당신의 누운 곳
앞 소나무에 뻐꾸기가
울고 있으려나요

뻐꾸기가 울면
예전의 당신 모습 떠올라
괜스레 울컥해지는
이 마음 당신은 알고 계시려는지

어머님
저 위에서 이 못난 며느리
보고 계시나요

당신이 떠나시기 전
고생 많았다며
맏이 네가 있어 든든하다는
그 말씀 가슴에 새기며
좀 더 잘해드리지 못함이
죄송했습니다

어머님
편히 쉬세요
머잖아 나 또한
당신 뒤 따르리니
그때도 반가이 맞아주소서

가을이 오면

가을이 오면
높은 하늘에
떠 있는 구름과
따사로운 햇살만큼
그리움은 더해가고

살랑이는 바람에 실려오는
향긋한 향기에

가슴에
고이 품은
그대의 고운 미소까지도

낙엽이 쌓여 가듯
그리움은
쌓여만 간다

가을이 오면…

두레박

출렁출렁
춤추며 내려간다
님의 품속에 풍덩 안기어 보고

사랑한 님의 모습
한가득 담아 와서
쏴~아 비워내도
또다시
출렁출렁
님 보러 내려간다

그리운 님의 품에
살며시 입맞춤하고
빈 가슴 드러낸 채
비우고 또 비워가며
기쁨의 님의 모습
하나 가득 담아온다

가르마 위에

두 손으로 마주 잡고
구름을 담아 가며
걸어가는
아낙의 뒷모습 바라보면서

또다시 님의 품에 안길
그날을 생각하며
조용히 우물가에
기다리고 있구나

홍시

세월의 흐름에
떨어진 잎새 사이
빨갛게 익은 홍시가
나의 눈을 사로잡는다

긴 장대 주머니 매어 달고
홍시를 따주시던 어머니 생각에
가던 길 멈추고

감 깎아 광주리에 널어 말리시면
하얀 분 곱게 발라 맛있는
곶감으로 변신한 너

차곡차곡 상자에 담아
긴 겨울밤 하나씩 꺼내 주시던
달콤한 그 맛

아련한 그리움 속에서
잠시 시간을 멈추게 한다

아버지란 이름

새들의 지저귐에
눈을 뜨고
어느새
시원해진
아침을 맞는다

하늘에 두둥실
바람 따라 흘러가던 구름이
잠시 산허리에
쉬어 가는데

문득
떠오르는
이름 하나

한 번도 불러 보지 못하고
얼굴도 모르는
그래서 더 불러보고 싶은
아버지란 그 이름

배애희 시집

어머니의 흔적

발행일 2023년 7월 10일
발행인 김승호
저자 배애희

발행 도서출판 다선
인쇄기획 도서출판 예술
등록번호 제2002-000080호(2002.3.21)
주소 서울시 마포구 양화로6길 9-24 동우빌딩 4층
연락처 010-2493-2232
E-mail gksh0691@hanmail.net

ISBN 978-89-5916-014-3 03810

* 책값은 뒤표지에 표시되어 있습니다.

다선 추천도서

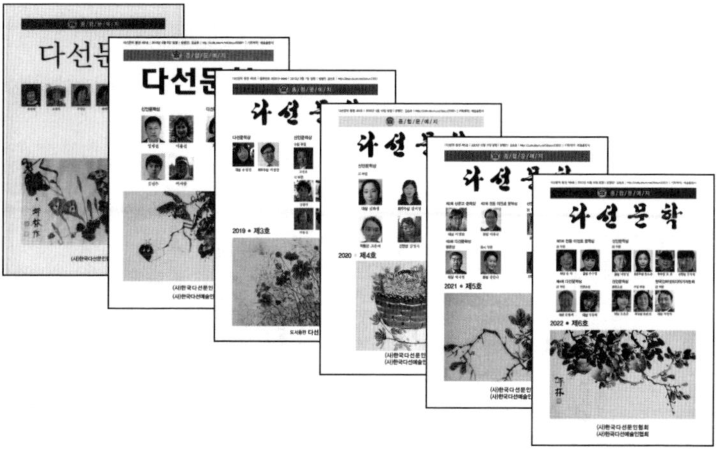

종합문예지 다선문학

(사)한국다선문인협회, (사)한국다선예술인협회 | 발행인 김승호

「다선문학」은 (사)한국다선문인협회의 종합문예지이다. '한국다선문인협회' 는 인문학의 발전과 문학의 저변 확대로 한국 문단 부흥의 초석이 되고자 하는 목표를 가진 단체로, 신인작가 양성과 입문의 역할을 담당하는 동시에 기성 문인들의 복지를 향상하고 지위를 공고히 하는 데도 힘쓰고 있다. 「다선문학」에서는 다선문인협회 작가회 회원들의 시와 수필 작품들은 물론 다선예술인협회 작가들의 그림·사진 작품 등도 함께 선보이며 다선문학상 당선 작가들의 시, 수필, 평론 등과 초대작가들의 작품들도 만나볼 수 있다.

**꽃 시인의 희망,
사랑 이야기**

김승호 지음
160면 | 10,000원

**시인 입문편 –
마음으로 쓰는
詩 창작**

유경근, 김승호 편저
184면 | 13,000원

**꽃 시인,
시의 향기를 노래하다**

김승호 지음
184면 | 10,000원

**너 아니면
나의 이야기**

고 호 지음
192면 | 15,000원

**꽃 시인,
시의 날개를 달다**

김승호 지음
184면 | 13,000원

**그림자 위의 길을
걸어가는 자**

이한영 지음
168면 | 13,000원

**꽃 시인,
詩의 시간을
되돌리다**

김승호 지음
200면 | 13,000원

기억을 파는 가게

유온유 지음
224면 | 15,000원

※ 위 도서는 대형 온라인 서점에서 구매하실 수 있습니다.